AF555902

سامي

الدبدوب السحري

الكتاب الثاني من المجموعة

سامي

الدبدوب السحري

لا للتنمر

روح النص, النص والرسوم الإيضاحية: موريال بوردون

رقم التسجيل -1117377 دار التنمية الفكرية في كندا
ترجمة : فادية بدير

ISBN 978-2-924526-32-3

يحدثنا هذا الكتاب عن توما : هو ولد لطيف , ذكي وخلوق غير أنه خجول قليل الثقة بنفسه.

كان بعض زملائه في المدرسة يسخرون منه ويطلقون عليه نعوتا شتى. غالبا ما كان توما وحيدا بدون أصدقاء.

كان توما ضحية هذا التعدي. كان يشعر بالإحراج الشديد لذا لم يجرؤ يوما على التحدث مع والديه عن مشكلته رغم محبته الجارفة لهما.

بلغ توما اليوم التاسعة من عمره . كانت معلمته فلورانس وحدها تعرف أنه يوم عيد ميلاده .
كانت فخورة بتلميذها اللامع ... لتفوقه في اللغةالفرنسية والرياضيات.

إقتربت منه بهدوء وهمست في إذنه " عيد ميلاد سعيد يا صغيري !"

أرتسمت إبتسامة حزينة على شفتي توما. ما همً , إن كان يوم عيد ميلاده أو أي يوم آخر .كان يخاف من نهاية الفصل وخاصة حين عودته إلى البيت. أوقات تسبب له القلق مثلها مثل فترات الإستراحة المدرسية.

عادة ما تكون أيام أعياد ميلادنا سعيدة , نمرح فيها ونلعب , نأكل قالب الحلوى الشهي , نتلقى الهدايا ...

ليس هذا هو حال توما

في طريق عودته إلى البيت , إعترضته مجموعة من التلاميذ ممن يسمون أنفسهم " الرؤوس اليابسة" .... .إرتعش توما من الخوف.

ولسان حاله يقول: " كالعادة ... هم يعدون لي مقلبا للسخرية مني!!"

وقف فكتور قائد المجموعة وكابتن فريق كرة السلة في وجه توما وصرخ بصوت متعجرف :
"ها هو العبقري الصغير! المدلل لدى المعلمة !"

ثم أطاح بقبعة كرة القدم من على رأس توما قائلا:" هيا أيها الصبي الأشقر , تعجبني قبعتك الجديدة . لسوء حظك.... سأحتفظ بها !"

تعالت ضحكات الأولاد , فتشجَع فكتور وبالغ في إظهار قوته. إنهال بالصفعات على وجه توما وطرحه أرضا .

إرتفعت قهقهات الأولاد وهم يبتعدون. نهض توما عن الأرض. شعر بألم في ركبتيه ومرفقيه , وكذلك الخدش في وجهه.

مسكين توما , إنهارت ثقته بنفسه وغلبه الحزن.. شعر برغبة شديدة بالبكاء وبحرقة حاول جهده مغالبة دموعه ... لا يريد أن يبدو كطفل , كمدلل للماما...حاول لكنه لم يستطع.... إنهمرت دموعه على وجهه الصغير المجروح.

وتساءل توما : "لماذا يتهجمون دائما عليَ أنا؟"

أسرع توما عائدا إلى منزله... اليوم عيد ميلاده!

إزداد قلقه بإقترابه من المنزل. كانت قبعة كرة القدم هدية عيد ميلاده من والديه.. ماذا سيقول لهما؟

ليس من السهل عليه نسيان ما حدث .. راح يكرر في نفسه :" كم أكره فيكتور ... كم أكره فيكتور.."
ورغم غضبه قرر أن يحتفظ بالسر لنفسه.

كانت أمه في إنتظاره عند عتبة الدار, سألته " أين قبعتك؟ قبعتك الجميلة؟" كان توما قد فكر, وهو في طريقه إلى البيت, فيما سيقوله لأمه إن سألته " لقد أضعتها يا أمي .... أنا آسف!"

إقتربت أمه منه , رأت خدَه أحمرا منتفخا ورأت الخدش على وجهه. سألته: "لكن ما أصابك؟" أجابها بصوت مخنوق : " وقعت وإصطدم وجهي بالأرض."

كان الجد والجدة في إنتظاره في الصالة. أضاءت وجهه إبتسامة جميلة .. لم يرهما منذ زمن بعيد!

قال له جده: " أنت تعرف جيدا أننا لا ننسى يوم ميلادك! إنه يوم مميز جدا!"
وأردفت جدته قائلة:" لك منا هدية صغيرة في علبة جميلة. كالعادة ... سوف تفتحها بعد العشاء."

تتكرر نفس الحكاية كل سنة يوم عيد ميلاده.. لا يهم.. هو فعلا بحاجة أن يشعر أنه محبوب بعد ما أصابه من أذى..

ما أجمل قالب الحلوى! غمرت السعادة توما حتى أحس أن رأسه تطال سابع سماء. أليوم له أن يتمنى ما يريد. كان يؤمن أنَ أمنيته ستتحقق إن أطفأ شموعه التسعة دفعة واحدة.

فكَر مليًا في أمنيته: ألَا يخضع بعد الآن للتنمر, أن يكون له أصدقاء طيبين يلعبون معه ويأتون لمشاركته لمشاركته عيد ميلاده القادم.

ثمَ نفخ الشموع نفخة بقوه الإعصار علَ أمنيته تتحقق!

أخيرا حان وقت فتح هدية الجدَين.

في العلبة, وجد دبدوبا جميلا. ورغم إستغرابه فرح بالهدية... هدية دبدوب لولد بلغ التاسعة من عمره ....

لاحظ الجد ردة فعله فقال له: " مهما كبرت سيبقى الطفل فيك! أخبرتني العصفورة أنَ هذا الدبدوب , واسمه سامي, مميزٌ جدًا! سترى!"

إبتسم توما وشكر جدته وجده على هديتهما.

مرَ منتصف الليل وتوما ما زال غير قادر على النوم. كان مضطربا , لا يعرف كيف يضع حلا لمشكلة التنمر التي يعاني منها. كان حزينا ووحيدا....

"كم أود أن أجد صديقا أثق به..." وأنخرط في بكاء صامت كي لا يوقظ والديه.
فجأة .... سمع صوتا صغيرا!

رفع توما رأسه وتلفت حوله مستغربا وتساءل إن كان حقا قد سمع صوتا . غير معقول .. لا بد أنَ التعب صوَر له ما لا يعقل!

فجأة , دبت الحياة في الدبدوب , ونظر في عيني توما قائلا:" أنت لم تقرأ التعليمات الموجودة في العلبة؟"

ثم تنهد وأضاف: " مكتوب بوضوح ... أنا الدبدوب سامي , أفضل صديق لك !! لا تبكي يا توما وقل لي ما بك."

هتف توما " غير معقول... أنت سحري !" أجابه سامي " أجل! " ثمَ أضاف :" أصبح سحرياَ كلما إحتاج صبي مثلك للمساعدة ."

فرح توما إذ أصبح لديه صديقا يستطيع الوثوق به. أخبره عما يعانيه في المدرسة من خوف وتخويف وضرب وسخرية من الآخرين... أخبره عن قسوة المعاملة التي تسبب له التعاسة!

"يجب أن نضع حدا لما يحصل!" هتف سامي: " علينا وضع حل نهائي لهذه المشكلة وإلاَ ستتفاقم وتكبر. لدي فكرة!!!!"

أخذ توما بنصيحة الدبدوب سامي. عليه أن يستجمع شجاعته ويخبرمدير المدرسة كل شيء عله يستطيع وضع حد للتنمر. الحل هو في كلمة واحدة : "كفى".

أعادت هذه الفكرة إلى توما فرحته بالحياة وأمضى نهاية أسبوع رائعة بصحبة صديقه الجديد سامي , صديقه الذي يثق به.

غير أن المخاوف عادت تراوده مساء يوم الأحد. عاوده القلق من الذهاب إلى المدرسة . ليس من السهل عليه شكوى من حولوه إلى ضحية. لكن سامي كان موجودا لتطمينه وتشجيعه...

لن يتخلى سامي عن صديقه أبدا. إقترح على توما مرافقته إلى المدرسة قائلا:" عليك أن تخبأني في حقيبتك المدرسية. سأكون إلى جانبك لأساعدك على إستجماع شجاعتك."

فكرة جيدة... توما فعلا بحاجة لمن يسانده... ما أن اجتاز مدخل البيت الخارجي حتى تعرقت يداه وتسارعت دقّات قلبه.

"هيا بنا...هيا !!!" هتف سامي

دخل توما مكتب مدير المدرسة . لم يكن يدري من أين يبدأ قصته

ما أن رآه السيد سكوت حتى بادره بلطف قائلا:" ما سبب زيارتك اللطيفة لي ؟ هل أستطيع مساعدتك؟

هذا ما كان توما يأمل سماعه . قص على السيد سكوت كل ما حدث له يوم الجمعة الفائت وما يحدث له مرارا وتكرارا....

طمأن السيد سكوت توما قائلا:" سوف نعمل على حل هذه المشكلة فورا. لقد أحسنت صنعا بإخباري بالتفاصيل كما أنيَ أحببت إقتراحك كثيرا."

أرسل المدير بطلب فكتور, وما أن دخل حتى بادره قائلا: " أخبرني توما بكل شيئ! علينا الكف عن تدبير المقالب , وعلينا الكف عن التنمر ... هذه التصرفات قد تقودنا إلى ما لا يحمد عقباه...."
أجاب فكتور بحرج " نعم ... أعرف"

أضاف المديرقائلا:" سنتفق على أمر عليك إحترامه. ستقوم بتدريب توما على لعبة كرة السلَة .. أنت مدرب جيد. وبالمقابل , يساعدك توما في مادة اللغة الفرنسية والرياضيات.
هذا الإقتراح قدمه توما طالبا مني ألاَ أتبَع الشدة معك."

في الحقيقة كان الإقتراح إقتراح سامي , الدبدوب السحريَ...

شعر توما بسعادة لم يعرفها من قبل . كان يحب تعلم لعب كرة السلة ويعرف تمام المعرفة أن فكتور مدرب ممتاز. بالمقابل , قام توما كل ما بوسعه ليكون معلما جيدا ممَا دفع توما إلى التقدم بخطوات واسعة في كلا اللغة الفرنسية والرياضيات.

ومن هنا بدأت صداقة توما وفكتور.

إبتسم فكتور قائلا: " أنت فعلا مدهش ! لك عندي أخبار جيدة!"

وسكت برهة ليثير فضول رفيقه ثم تابع :" ترك أحد اللاعبين الفريق, ونحن بحاجة إلى لاعب آخر يأخذ مكانه."

شعر توما بحماس شديد : " هل تعني أني سأصبح فردا من أفراد الفريق؟"

هتف فكتور قائلا:" أصبت يا فتى... أنت ولد لمَاح ..."

في فترة قصيرة , وبكثير من المثابرة , أصبح توما لاعب كرة سلة لا مثيل له. كان الفضل في هذا يعود إلى صديقه المدرب الماهر .

كان هتاف المشاهدين يرتفع عاليا كلما أحرز توما هدفا... خاصة هتاف والديه ... كانوا فخورين به جدا.

كان بين جمع المشاهدين, الدبدوب السحري سامي, يغمز بعينه لتوما تعبيرا عن إعجابه بنجاحه.

في نهاية السنة المدرسية, إستلم فكتور من معلمته السيدة فلورانس شهادة الكفاءة. كان أكثر التلاميذ تحسنا في اللغة الفرنسية والرياضيات.

كان فكتور يشعر بالفخر بما أنجز وكان أهله في غاية السعادة.

في الحقيقة , لقد تغير فكتور كثيرا. لقد أدرك أن الغيرة والحسد قد تدفعنا إلى تصرفات نندم عليها.

سامح توما فكتور على كل ما سبق. أصبحا أفضل صديقين في العالم.

لن ينسى توما يوم عيد ميلاده التاسع أبدا وسيبقى في قلبه مكانة خاصة لسامي , دبدوبه السحري , محل سرَه ورفيقه.

لقد ساعده دبدوب على إستجماع شجاعته ليقول "كفى " للتنمر. توما الآن راض وسعيد.

في فصل الخريف, سيعود إلى المدرسة . ولكن, هذه المرَة. سيعود بحماس وثقة أكبر بالنفس محاطا بأصدقاء حقيقيين.

إتبع سامي خطوة خطوة

في مغامرات أخرى

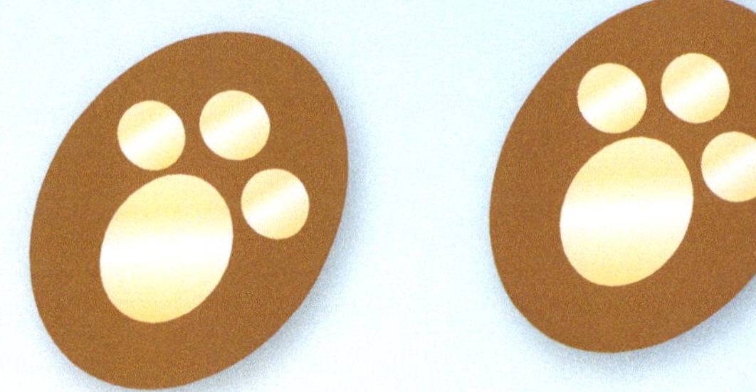

www.ingramcontent.com/pod-product-compliance
Lightning Source LLC
LaVergne TN
LVHW072155250826
846425LV00033B/32

* 9 7 8 2 9 2 4 5 2 6 3 2 3 *